Fui confirmado. E agora?

editora
esperança

Lindolfo Weingärtner

FUI CONFIRMADO. E AGORA?

1ª edição

Curitiba/PR
Outubro/2025

editora
esperança

Lindolfo Weingärtner

Fui confirmado. E agora?

Edição atualizada e ampliada por Martin Weingaertner

Direção executiva: Claudio Beckert Jr.
Coordenação editorial: Guilherme Kacham
Revisão: Josiane Zanon Moreschi
Capa: Felipe Silva
Diagramação: Josiane Zanon Moreschi

Dados Internacionais de Catalogação na Publicação (CIP)
Sueli Costa - Bibliotecária - CRB-8/5213
(SC Assessoria Editorial, SP, Brasil)

Weingärtner, Lindolfo
Fui confirmado. E agora? / Lindolfo Weingärtner. — Edição atualizada e ampliada por Martin Weingaertner -- Curitiba, PR : Editora Evangélica Esperança, 2025.
72 p.
ISBN 978-85-7839-465-3
1. Vida cristã. 2. Jovens – Vida espiritual. I. Weingaertner, Martin. II. Título.
CDD- 248.83

Índices para catálogo sistemático:
1. Vida cristã : Jovens 248.83

Salvo indicação, as citações bíblicas foram extraídas da Bíblia na versão Nova Almeida Atualizada © Sociedade Bíblica do Brasil, 2017.

Editora Evangélica Esperança
Rua Aviador Vicente Wolski, 353 - Bacacheri
CEP 82510-420 - Curitiba - PR
Fone: (41) 3022-3390
comercial@editoraesperanca.com.br
www.editoraesperanca.com.br

Sumário

Prefácio

Em 1974, nosso pai, Lindolfo Weingärtner, escreveu este livro para "oferecer uma ajuda autêntica a jovens para poderem criar raízes em uma comunidade cristã e agir como membros responsáveis dela". Nele não fala "só como pastor, mas também como pai e amigo dos jovens leitores". Escreveu "com o coração quente... De outra forma, o modesto livrinho não teria alcançado vinte e cinco edições consecutivas". "Grato a Deus por ter abençoado as sementes lançadas", nosso pai, falecido em 2018, desejava que o Senhor continuasse a abençoar, por meio dele, "muitos jovens no aprendizado da difícil arte de viver!"

Esta nova edição faz ajustes na linguagem de meio século atrás para a qual também colaboraram seus bisnetos adolescentes. Além disso, foram incluídas breves complementações necessárias em virtude das mudanças ocorridas na sociedade. Estas estão devidamente identificadas no texto.

Martin Weingaertner

Introdução

Fui confirmado. E agora? foi escrito há quase meio século, em 1975. Será que esse "agora" de 50 anos atrás continua sendo o "agora" dos jovens leitores de hoje?

O mundo mudou muito mais nestas décadas do que nos séculos anteriores. Muitas invenções mudaram nossos hábitos: o computador, a internet, o celular, as redes sociais, os cartões de crédito. Essas inovações penetraram na nossa vida e alteraram nosso comportamento.

Ainda há outras coisas, mais dolorosas, que não eram tão evidentes como o são hoje. Por exemplo, a pornografia e a promiscuidade são toleradas mais e mais. Doenças sexualmente transmissíveis, apesar de tratáveis, se alastram. A incapacidade de resolver conflitos e a degradação moral enfraqueceram os casamentos e induzem a uma avalanche de divórcios. O crime organizado domina bairros e cidades inteiras com o tráfico de drogas e armas. Sem falar da ansiedade crescente entre os jovens quanto ao emprego e à escolha da profissão, pois um diploma (o famoso "canudo") não representa mais uma garantia automática de emprego. Tudo isso contribui para a grande insegurança quanto ao futuro que se alastra na geração jovem.

Voltamos a perguntar: O "agora" de então continua sendo o "agora" de hoje? Eu respondo com um "sim" e com um "não".

Pelo lado de Deus, o "agora" continua o mesmo. Jesus Cristo continua sendo o Salvador, o Evangelho dele não mudou nem um pouquinho. Fé continua sendo fé, o certo continua o certo, o errado continua o errado, obediência a Deus continua sendo obediência a Deus. Os Dez Mandamentos são a lei divina e a Bíblia continua sendo a fonte de nossa fé.

Mas o nosso "agora" mudou e ainda vai continuar a mudar. Ninguém de nós, seja jovem ou idoso, pode prever o "agora" do ano que vem ou o "agora" da próxima geração. Há tanta coisa imprevisível acontecendo no mundo — entre algumas coisas boas, muita coisa ruim — que às vezes ficamos frustrados e chegamos a pensar que este mundo não tem jeito.

Veja, este "o mundo não tem mais jeito" é o "agora" humano. Quem se desespera não conta com o "agora" de Deus. Mas se eu confrontar com coragem o meu "agora" com o "agora" divino, então uma luz começa a brilhar dentro de mim. Em meio à vida "malcheirosa" começo a sentir o "perfume" de um mundo diferente (2 Coríntios 2.14-16). Então eu sinto que a agulha da bússola que Deus implantou em meu coração volta a apontar para o Norte. Experimento que Deus norteia minha vida.

Você sabe que até eu, autor destas linhas, ainda preciso perguntar, bem como você: Fui confirmado... E agora? Sou cristão, confessei minha fé. E daí? Por exemplo: O que eu vou fazer nesse caso, nessa situação que me pegou de surpresa e me deixou desnorteado? Sinto que devo ativar minha bússola! Assim preciso continuar a confrontar meu "agora" com o "agora" de Deus até o final da minha vida.

Tais confrontos são verdadeiras encruzilhadas, nas quais Deus pode mudar o curso de nossa vida. Mas é claro que o diabo também se faz presente nesses cruzamentos. Veja as tentações que você enfrentará. Elas frequentemente estão na moda e exercem um poder enorme sobre as pessoas. Será preciso ousar fincar pé e dizer: "Não! Uma vida malcheirosa dessas eu não quero. Dessa onda eu não participo".

Quem experimentou a presença de Deus em sua vida conta com um poder maior do que o de qualquer modismo. Ao seguir Jesus, um discípulo se sente protegido e fortalecido para resistir à tentação. Sabe que Deus o ama, aprecia e valoriza, por isso consegue recusar-se a jogar fora sua vida e a destruir a dádiva boa e jubilosa que Deus lhe deu.

Assim, só posso dizer a você, prezado ou prezada jovem que lê este livro: abra os olhos, os ouvidos e o coração. Viva sua fé. Aprenda a distinguir o "agora" de Deus do "agora" do tentador! E permita que seu "agora" pessoal já exale em sua vida terrena o perfume do Reino de Deus!

1

Fui confirmado. E agora?

Provavelmente você não vai esquecer nunca...

... aquele momento em que os sinos badalaram — em que você, com outros jovens, colegas do ensino confirmatório, entrou solenemente na igreja, seguindo o pastor ou a pastora. A comunidade, em pé, cantava um hino de gratidão a Deus. A pregação, as orações, depois aquela pergunta: "Vocês confessam de todo o coração a fé da igreja evangélica, baseada na Sagrada Escritura?"

Lembra-se do que você respondeu?

Foi: "Sim, com o auxílio de Deus". E depois você foi ao altar onde lhe impuseram as mãos, rogando que Deus o abençoasse. Então participou da Santa Ceia com pais e padrinhos.

Não... Você não poderá mais esquecer aquele dia. Talvez ainda seja muito jovem para entender o alcance de tudo o que foi dito, e mesmo daquilo que você disse.

Pediram-lhe para confessar sua fé.

Você tinha fé mesmo? Ou estava respondendo somente o que lhe haviam ensinado a dizer?

Você, naquela hora, talvez tenha se sentido uma pessoa muito pequena, muito fraca e indigna. Talvez o tempo de ensino confirmatório não tenha conseguido acabar com suas incertezas e dúvidas acerca de Deus. Talvez até tenha evitado falar com Deus, escondendo diante dele seus pensamentos mais secretos — adiando sua conversa com ele para mais tarde.

Mas talvez já tenha notado que, na presença de Deus, você pode abrir seu coração e tirar a máscara. Diante de Deus você pode ser você mesmo sem ser rejeitado. E foi aí que um raio de luz e de felicidade entrou no seu coração.

Será que você notou que a própria palavra "confirmação" leva em conta a nossa fraqueza, as nossas dúvidas e imperfeições?

Muitas pessoas pensam que nesse dia é a gente que confirma a fé. Confirma o que pais e padrinhos prometeram em nosso lugar quando fomos batizados. Mas a confirmação não é isso. Em primeiro lugar, é Deus quem confirma a sua oferta de amor gracioso a nós. Somente depois nós confirmamos que o aceitamos. Pois confirmar é tornar firme. Antes de tudo Deus quer nos tornar firmes na fé em Jesus Cristo e na nossa vida cristã. Ele nos estende a sua mão para nos dar o apoio de que precisamos.

Ter fé não significa outra coisa do que aceitar o que Deus nos dá. Você não terá notado isso já no ensino confirmatório? Deus lhe deu a vida antes que você pudesse dizer "obrigado". Jesus morreu por você antes que pudesse aceitar a oferta dele. E assim é em tudo. Deus sempre dá antes de nós pedirmos e sempre dá mais do que pedimos.

E o que Deus pede de você? Por que ele quer lhe dar firmeza?

Você já adivinha. Não é para desperdiçar sua vida à toa. Deus tem um propósito e uma tarefa para você. A confirmação é uma espécie de ordenação para a vida cristã. Pastores e missionários são ordenados, são abençoados quando iniciam seu serviço. Assim você também foi ordenado, foi abençoado, foi enviado para a tarefa que Deus lhe reserva.

Tenho pena imensa dos jovens que veem na confirmação apenas o fim do ensino confirmatório e da infância. O fim da obrigação de ir à igreja. Para muitos, lamentavelmente é uma despedida da igreja. Não percebem que Deus lhes oferece uma vida abençoada com um propósito eterno.

A confirmação, no entanto, deve ser vista como um começo. Um recomeço que conecta ao primeiro começo — ao Batismo. Nele, outras pessoas caminharam com você nos braços. Agora é você quem caminha e continua a seguir Jesus. De outra forma a confirmação não faz sentido.

Veja: um longo caminho estende-se à sua frente. Não será sempre um caminho bem definido. Você encontrará encruzilhadas que vão deixá-lo com dúvidas. E haverá trechos em que o mato parece ter tomado conta do caminho, em que só parecem existir trilhas entrecruzadas.

Mas ouça aquele que diz: *Eu sou o caminho, e a verdade e a vida* (João 14.6). Você o conhece. É Jesus Cristo. E você tem a bússola implantada por Deus: sua consciência. No ensino confirmatório você aprendeu a olhar e a conferir nela o rumo certo. Depois que ela foi despertada por seu encontro com Jesus, você conhece o alvo para o qual essa bússola aponta.

Tudo o que terá de fazer é seguir o rumo que a bússola indica. Vai ter de andar o seu caminho de olhos bem abertos. Não seguirá simplesmente o caminho dos outros, da maioria, pois poderá ser o caminho errado. Não se deixe levar pela onda. Você é uma criatura humana. Não é ovelha sem juízo próprio, que sempre faz o que o rebanho faz. Você deverá procurar seu caminho. Mas não irá sozinho. Há pessoas que Deus colocou a seu lado. A seguir vamos falar delas e do ambiente em que você vai viver — e depois, nas últimas páginas deste livro, vamos fazer a conexão com esta introdução. Você vai entender por quê.

2

O pai e a mãe

Veja o que seus pais foram para você até o dia de hoje. No tempo que sua memória nem alcança mais, nos primeiros três ou quatro anos da sua vida, você era totalmente dependente deles. Dificilmente poderá avaliar o que esse tempo significou para você — se teve um pai e uma mãe bons e dedicados, que não somente o alimentaram e vestiram, mas que lhe deram uma parte de si mesmos.

Perceba, eles não trataram você como um objeto que lhes pertencia, mas como um ser que, desde o começo, era destinado a tornar-se seu parceiro. Prepararam o ninho no qual você pôde se desenvolver. Ensinaram-lhe as primeiras palavras, protegeram você nos primeiros passos. Por sua presença amorosa, deram-lhe segurança quando se sentia inseguro e com medo.

É natural eles terem feito aquilo?

De certo modo, sim, pois Deus implantou em nossos corações o instinto paterno e materno. Mais tarde, você vai ver como é. Mas, por outro lado, aquilo que você teve na infância foi uma maravilha. Sem essa maravilha você não seria o que é hoje. Haja o que houver com seus pais, não se esqueça jamais do que eles foram para você.

É verdade que seus pais não são pessoas perfeitas. Às vezes, se enganam. Outras vezes, se irritam, tornam-se injustos. Há pais que abandonam seus filhos ou que não se importam com eles. Mas esses casos são a exceção (lamentavelmente sempre mais frequente). Mas se você teve bons pais, mesmo que não sejam perfeitos, então, nesse momento, respire bem fundo e dê graças a Deus. Peça-lhes perdão pela cegueira, teimosia e ingratidão que você teve em relação a eles e trate de ser o que Deus quer que você seja: um filho, uma filha que corresponde ao amor deles.

Você agora se lembra de muitas coisas do tempo que seguiu a sua primeira infância e que talvez lhe causem algum embaraço. Você fez o que não devia fazer. A mãe brigou. O pai o castigou. Houve tempos em que você ficou com raiva do seu pai ou da sua mãe. Houve dias em que você mal lhes respondia, em que não lhes dirigia uma única palavra. Depois tudo voltou ao normal. Mas surgiram outros problemas. Notas baixas na escola. Ou você voltou muito tarde de um passeio.

A atitude dos pais parecia indicar que não o compreendiam. Sempre voltavam a falar dos tempos de infância deles — que eles não tinham dado problemas a seus pais. Você ficou com a impressão de que só queriam mandar em você. Que não estavam notando que você já não era uma criancinha, mas que estava precisando de mais independência e liberdade, de mais dinheiro.

Pois é. Essas coisas também são naturais. Naturais porque nossa natureza é assim mesmo. Você também irá notar isso quando, um dia, tiver seus próprios filhos. Garanto que vai ter o mesmo problema. Só que, então, verá as coisas de um outro ângulo.

Veja: seu pai e sua mãe sabem que você precisa de mais liberdade. Muitas vezes, porém, acham que você procura essa liberdade antes do tempo. Eles conhecem melhor os perigos da vida e gostariam de proteger você. Às vezes, também deixam de notar que você realmente já necessita de uma dose maior de independência e que precisa, aos poucos, aprender a encontrar seu caminho por si.

Compreenda que para seus pais pode ser bastante doloroso quando veem que você vai se soltando mais e mais deles. Eles precisam assimilar que você não precisa mais de seus conselhos e de sua orientação. Mas, se notarem que você tem juízo, que não procura bancar o que não é e que não abusa da liberdade, então compreenderão. Nas suas atitudes, perceberão que seu filho ou sua filha adolescente está se tornando uma pessoa adulta. Notarão que você vai formando opiniões próprias, e que nem tudo foi melhor na infância deles. Perceberão que é possível dialogar com você e que as ideias que você traz da escola ou do convívio com amigos e amigas podem até ajudá-los a compreender melhor a "juventude de hoje". Em muitas coisas descobrirão que você tem ideias diferentes, mas que é responsável, tem juízo e sabe ouvir os argumentos dos pais sem afirmar o contrário apenas por mera birra.

Talvez não haja jovem que não passe por um período de revolta contra seus pais. Em geral, isso acontece na puberdade, quando o jovem às vezes, de um dia para o outro, torna-se diferente. Você se sente aborrecido, triste e frustrado. Sonhos de grandes realizações são seguidos de insegurança e de falta de vontade para tudo. Em um dia está cheio de iniciativas e, no próximo, se sente pior do que um bicho-preguiça.

É bom saber que esse tempo passa. É um tempo de amadurecimento, de crise, de desequilíbrio psíquico e físico. São as "dores de crescimento". Nem sempre os pais notam que você está passando por isso. Eles deveriam notá-lo para você não se assustar demais e para ajudá-lo a passar por esse tempo difícil.

Você não precisa de muita moleza nessa hora, mas precisa de pessoas que fortaleçam sua coragem, a vontade de enfrentar os desafios, bem como a força para aturar coisas chatas e desagradáveis.

Pois veja: a diferença entre um jovem e uma pessoa adulta é que esta é capaz de aguentar dificuldades e de enfrentá-las com paciência e coragem. A pessoa jovem ainda não tem essa capacidade, mas precisa aprendê-la. E essa aprendizagem é mais fácil quando seus pais tomam uma atitude firme, mas positiva para com o adolescente frustrado e revoltado; quando são compreensivos, sem serem condescendentes e permissivos.

E sabe o que é o melhor de tudo?

É quando, nesses tempos de crise, você nota que seu pai e sua mãe se interessam por você, a tal ponto que oram por você. É aí que pode acontecer o milagre que é descrito no último versículo do Antigo Testamento. Essa passagem aponta para a obra de Jesus Cristo: *... ele converterá o coração dos pais aos filhos e o coração dos filhos a seus pais, para que eu não venha e fira a terra com maldição* (Malaquias 4.6).

Deus quer que seus pais sejam para você uma fonte de bênção. Por isso ame-os e honre-os enquanto os tiver. Ore por eles. Lembre-se de que uma maneira muito boa de você dizer "desculpe" ou "obrigado" é ser prestativo: troque o botijão de gás vazio sem que seja necessário insistir ou enxugue a louça sem aquela cara de martírio silencioso.

Muita maldição que hoje se manifesta em nosso país tem sua origem em lares nos quais os corações dos pais não são convertidos para os filhos, nem os dos filhos a eles. O resultado é o "conflito de gerações", é uma raiva surda que está na alma de muita gente. São a violência, os crimes, as drogas e muitas outras coisas.

Peça a Deus que em seu lar aquela promessa do Antigo Testamento venha a se cumprir.

Pais divorciados

Talvez você tenha passado pela dolorosa experiência de ver seu pai e sua mãe se divorciarem. Presenciou muitos conflitos entre eles, mesmo que tentassem escondê-los de você. Os respingos dessa crise machucaram você a ponto de não saber como se posicionar em relação a eles sem tomar partido.

Talvez a sua família já tenha recebido uma configuração nova pelos novos parceiros (e dos filhos deles). Você passou pelas dificuldades de aceitá-los e aprender a conviver com eles. Isso pode ter gerado muitas lutas dentro de você sobre as quais nunca conversou com alguém.

Talvez isso tenha corroído seu apreço pelo seu pai e/ou pela sua mãe. Atormentados pelos seus próprios problemas, eles não lhe puderam dar o que você precisava. Não puderam corresponder ao papel que o Criador lhes havia confiado. Essa dor pode ficar encravada profundamente na sua alma. Por isso você precisa de alguém para conversar abertamente sobre essa aflição, pois, se não for tratada, ela poderá contaminar sua vida futura com uma visão negativa do casamento, que não corresponde aos planos de Deus.

Mas, por mais que seus pais tenham falhado, lembre-se que Deus jamais falha na paternidade dele.

Jesus ensinou que devemos nos dirigir a ele como nosso Pai, porque ele é o modelo e padrão de todo ser pai e mãe (Efésios 3.14-15). Você pode e deve se dirigir a ele e expor-lhe tudo em oração. Sim, pode pedir-lhe para que você experimente a sua proximidade de Pai. Sim, Deus, que é o Pai perfeito, pode e quer sarar as feridas que você carrega consigo. E ele vai capacitá-lo a olhar com compaixão para o seu pai e a sua mãe e a reconciliar-se com eles também!

Se não o conseguir fazer sozinho, não se acanhe em pedir ajuda a quem pastoreia você, ou a uma liderança experiente na igreja para ouvirem seu lamento e orarem com você. Se a ferida continuar doendo, não hesite de procurar um tratamento psicológico.

Martin Weingaertner

3

Amizade

Deus não criou você para viver sozinho, nem para que seus pensamentos girassem em torno de si mesmo. Isso acabará causando tortura e infelicidade. É bem verdade que todos nós, às vezes, precisamos de momentos de solidão, silêncio e recolhimento. Mas a pessoa que fica recolhida em si mesma e vive isolada, seguramente acabará tendo sérios problemas.

Talvez você esteja precisando de um amigo ou uma amiga que se sente ao seu lado disposto a ouvi-lo. Alguém com quem possa compartilhar suas preocupações e sua insegurança — toda aquela tempestade que costuma varrer seu coração jovem na hora das crises.

Quem encontrou um bom amigo ou uma boa amiga encontrou algo precioso. O pai e a mãe também são amigos da gente. E os irmãos e as irmãs podem sê-lo também. Mas as amizades não são algo "biológico", coisa de mero parentesco. Um amigo ou uma amiga — a gente precisa encontrar. E eles precisam encontrar a gente. Quando achamos uma amizade de verdade, é como se algo em nós se conectasse, que antes estava desconectado.

Você sabe que principalmente a idade dos dez aos quinze anos é o tempo das grandes e profundas amizades. Amizades que, às vezes, se prolongam por toda a vida. Sem essas amizades o caráter verdadeiro de uma pessoa não pode se formar. Quem nunca teve amigos e amigas corre o risco de ficar desconfiado, egocêntrico e até esquisito. Somente ao conviver você fica sabendo quem na verdade é amigo e, da mesma forma, você descobre quem de fato você mesmo é.

Mas agora preste atenção: um bom amigo, uma boa amiga não é alguém que nos domina, nem quem se deixa dominar por nós. Uma boa amizade requer, antes de tudo, uma pessoa na qual confiamos. Que sabe guardar segredo. Que sabe dar e receber. Que não dá importância a fofocas, nem tem duas caras, mas que é honesta. Que percebe quando estamos em apuros. Um bom amigo é como uma espécie de confessor: confiamos a ele os problemas que não compartilhamos com qualquer outra pessoa. Enfim a amizade é uma dádiva de Deus.

Eu não consigo imaginar uma pessoa amiga realmente boa que não viva também no aprendizado de Jesus, pois somente na convivência com Jesus perdemos aquela vontade de dominar os outros, de nos aproveitarmos das suas fraquezas e faltas e de tratá-los como objetos que descartamos depois de usados.

Por isso é tão perigoso ligar-se a amigos errados. Nem me refiro a bandos desordeiros ou gangues, que chegam a viver em conflito com a polícia. Esses são casos extremos e, certamente, servem para nos alertar contra os perigos de más companhias. Mas o que pode ser mais perigoso, por ser mais comum, é que nos deixemos dominar por companheiros de espírito negativo. Esses podem vir a ter tanta influência sobre nós, que nos tornamos seus adeptos. Tais "chefõezinhos" geralmente se arrogam ser pequenos deuses, que não nos deixam ser o que nosso Criador quer que sejamos.

Você sabe: cada pessoa é um pensamento de Deus. E Deus ainda continua pensando. Se você, seu amigo, sua amiga, ou alguém outro ocupar o lugar de Deus, então sai tudo errado. Então os dons colocados em nós pelo Criador não podem se desenvolver. É como se um filhote de sabiá em sua gaiola só escutasse pardais e corruíras. Por fim, ele acaba cantando como um deles. Mas se ele escutasse outro sabiá, que o ajudasse a despertar aquela melodia que está dentro dele, seria aquela maravilha! Assim um verdadeiro amigo é como um segundo "eu", que nos ajuda a encontrar nossa própria identidade. E é claro que amizade não é uma via de mão única. O que vale para seus amigos, também vale para você.

Você está vendo: as pessoas às quais você se liga poderão ter uma influência tremenda na sua vida. Se encontrar amigos que entendem a melodia que Deus colocou em seu coração e que permitem que você os ajude a encontrar a melodia deles, então a amizade será um presente maravilhoso. Sabe, tudo isso pode e deve acontecer no ambiente de uma comunidade cristã, pois as pessoas cristãs são chamadas a serem amigas umas das outras. Ali é o melhor lugar para a formação de amizades autênticas.

Para você esse ambiente poderá existir, por exemplo, no grupo de jovens da igreja. Ou em grupos de jovens que se formam espontaneamente, mas que têm outros assuntos a falar além de seriados, fofocas ou as últimas novidades da moda. No fim deste livro, vamos voltar a esse assunto, que poderá ser decisivo para você.

É evidente que a amizade tem dois aspectos: é saber ser amigo e saber receber amizade. Tenho certeza de que ambas as coisas se aprendem na convivência de Jesus, que veio para ser nosso amigo. Foi ele mesmo que disse: *Vocês são meus amigos se fazem o que eu lhes ordeno. Já não chamo vocês de servos, porque o servo não sabe o que o seu senhor faz; mas tenho chamado vocês de amigos, porque tudo o que ouvi de meu Pai eu lhes dei a conhecer* (João 15.14).

Pois aí está. Jesus é nosso amigo! Ele não retém para si nada do que Deus lhe confiou, mas reparte tudo conosco. Ajuda-nos a achar a melodia que o Criador colocou em nós. Ele faz com que encontremos a nós mesmos. Jesus não quer que sejamos escravos, nem donos de escravos. Quem se torna seu amigo está pronto para ser amigo de verdade — mesmo de pessoas que vivem sem amizade.

Aliás, esta é outra coisa que aprendemos na companhia de Jesus. Tornamo-nos ativos na criação de amizades. Ficamos com vontade de dar e não de apenas receber. Quem cultiva a amizade de Jesus fica com vontade de tirar alguém de sua solidão ou da companhia de falsos amigos para fazê-lo experimentar a amizade verdadeira.

As amizades virtuais

É preciso alertar para a ilusão difundida de que nós podemos cultivar amizades virtuais.

1. As redes sociais nos induzem a um engano terrível: prometem facilitar amizades que nos trazem felicidade. Nas redes sociais são postadas *selfies* sorridentes, vídeos cativantes e textos impactantes. Depois são contados os *likes* das postagens e se sonha com fama. Se alguém nos questiona ou não se agrada do que publicamos, facilmente encerramos

essa "amizade" com um clique. Mas de que adianta ter centenas ou até milhares de "amigos" e "seguidores" nas redes sociais, se nas dificuldades e aflições descobrimos que ficamos sós?

2. Um segundo perigo das amizades virtuais reside no que compartilhamos. A posse de um celular permite que assuntos indiscriminados cheguem a nós. Somos bombardeados com *fake news*, difamações, mensagens de ódio, etc. Na medida em que as "curtimos". os algoritmos tendem a destacar conteúdos semelhantes. Não raro o nível baixa sempre mais. Quem não se desconecta disso e não bloqueia tais mensagens acabará sugado por seu redemoinho.
3. Você precisa entender como funcionam as redes sociais para não ser iludido por elas. Todas as redes são guiadas por uma fórmula matemática chamada algoritmo. Por meio dela as redes sociais identificam o que você olha, curte e posta. Em pouco tempo elas conseguem definir o seu padrão. Então passam a lhe mostrar o que combina com seu perfil. Assim, induzem os usuários a entrarem em um círculo vicioso no qual acabam vendo sempre mais do mesmo. Você pode fazer um teste inocente: curta imagens e vídeos de animais na selva africana e sem demora a incidência destas postagens vai aumentar visivelmente. Isso privilegia a mentira em mil variações, pois o algoritmo não conhece o mandamento "Não dirás falso testemunho"!

4. Como as redes sociais remuneram quem tem muitos seguidores, não faltam pessoas que almejam ser *influenciadores*. E, como meias verdades e mentiras descaradas têm mais ibope do que a verdade, não há falta de influenciadores que não têm escrúpulos.
5. A influência mais perniciosa e mais comum nas amizades da internet é o compartilhamento de pornografia. Sua armadilha começa com insinuações e vai degenerando para níveis sempre mais prejudiciais. Mesmo que não se fale disso abertamente, a pornografia infesta a vida de pessoas jovens, adultas e idosas. Ela funciona como arapuca: é fácil viciar-se, mas muito difícil de livrar-se desse vício. Assim como com outras drogas, o viciado na pornografia precisa de imagens sempre mais perversas. Assim sua mente é poluída mais e mais, a ponto de tornar-se incapaz de experimentar as bênçãos que Deus planejou para a sua vida com a dádiva da sexualidade.

Por isso, desconecte-se de todas as ofertas de pornografia. Dê a seu pai e a sua mãe acesso regular ao seu celular para eles conferirem o que você acessa. Essa é uma boa maneira de se proteger de tentações. Quem já se atolou neste lamaçal, precisa de ajuda profissional para sair dele.

Martin Weingaertner

4

Namoro

Você já notou que na palavra "namoro" encontra-se embrulhada a palavra "amor"?

Pois é assim mesmo. No namoro, o amor ainda se acha embrulhado. Assim como a semente dentro de uma vagem de feijão. Pode ser que a semente algum dia venha a brotar e a crescer. Mas também pode ser que não. Até é possível que um namoro, como uma vagem, nem contenha semente alguma.

Há casos em que um rapaz e uma moça — mesmo que ainda sejam muito jovens — sabem desde o início que se amam de verdade e que um dia chegarão a se casar. Casos em que ambos conheceram só um namoro e um amor. Mas isso é raro. O mais comum é que uma moça ou um rapaz experimentem várias amizades até encontrar o parceiro definitivo. É uma coisa bem natural.

O amor comprometido que leva ao noivado e ao casamento é um assunto sério. Tão sério, que um ou uma jovem não deveria ligar-se definitivamente a alguém antes de chegar a certa maturidade.

Por quê?

Porque na adolescência a gente muda. Muda muito mesmo. Um rapaz que aos 16 anos parecia o parceiro ideal para sua colega, aos 20 pode ser bem diferente. Por mudar tanto no temperamento quanto nos interesses, de modo que uma ligação definitiva não será indicada.

Como é que duas pessoas jovens de 16 anos vão saber, por exemplo, se elas vão se entender no terreno da fé? Não é só uma questão de ser ou não da mesma igreja. Pode ser uma diferença muito mais profunda, que deixa pouca esperança para um convívio cristão no casamento.

Por isso a pressa é quase sempre a maior inimiga do amor. Os apressadinhos querem colher os caquis quando ainda estão verdes. E isso traz desapontamentos, pois vão se surpreender com o gosto azedo e indigesto.

Por que não esperar até que o amor amadureça?

Nas primeiras páginas da Bíblia, lemos que Deus disse: *Não é bom que o homem esteja só; farei para ele uma auxiliadora que seja semelhante a ele* (Gênesis 2.18).

Pois esse é o ponto essencial: a companheira deve ser idônea, e o companheiro também. Para isso acontecer, Deus precisa ter sua mão "no jogo". Se agir sozinho, sem perguntar pela vontade de Deus, você descobrirá que a coisa sai errada. É só abrir os olhos e conferir. Quantos casamentos há por aí que não deram certo! Quantos lares mais parecem pequenos infernos do que ilhas de paz e amor! Todos esses matrimônios têm sua história. História que começa com o primeiro namoro.

Por isso, se você não quiser estragar sua vida e a de outra pessoa em questões de namoro e amor, não ceda aos caprichos do próprio coração. Deve aprender a controlar suas paixões, a ser responsável, a esperar e, se necessário, a desistir. É preciso aguardar com paciência até aparecer a pessoa que Deus destinou para você. Você vai notar que o trem da sua vida andará nos trilhos certos e não haverá descarrilamento. Isso não significa que dois anjos, dois seres perfeitos, se encontraram, mas que Deus está guiando duas pessoas que criou em sua vida comum.

Ao sentir-se atraído por alguém do sexo oposto, a pessoa jovem fica consciente de que é um ser sexual. O instinto sexual, ainda dormente na infância, pode cair sobre um rapaz ou sobre uma moça com tal força, que chega a tirar-lhes o equilíbrio. Do dia para a noite, a criança dócil pode virar um jovem revoltado. Alunos caprichosos podem perder todo o interesse pelo estudo e entregar-se a sonhos eróticos ou a práticas de excitação sexual. Nessa hora o acesso fácil à pornografia torna-se uma tentação na qual facilmente se afundará mais e mais. Se não for apenas uma fase passageira, certamente prejudicará seu amadurecimento como pessoa. Se nesse tempo faltar uma orientação clara por parte dos pais, de professores ou amigos maduros, você poderá tomar caminhos errados, pelos quais deverá pagar caro mais tarde.

Veja: hoje o sexo virou mercadoria. Mercadoria que vende muito bem. E há muitos espertalhões que a exploram na internet e nas redes sociais, em filmes e seriados. Enfim, somos constantemente bombardeados com sexo. Ficamos com a impressão de que é a única coisa que importa. Assim induz-se os jovens a imitarem o estilo de vida dos astros do cinema, da música e do esporte, que parecem tão seguros de si, tão independentes e felizes. Mas o fã não se dá conta de que seus ídolos bancam o que não são e que estão usando máscaras.

Assim os fãs passam a usar a máscara dos seus ídolos. Vestem-se como eles, riem como eles, falam e pensam como eles. Mas com isso deixam de ser eles mesmos. Acabam sendo controlados à distância. Vão na onda, imitam, fingem e seguem os mais afoitos, que "mandam ver". Até que, afinal, se dão conta de estarem desperdiçando o capital precioso que Deus investiu na sua vida.

Penso que, no nosso tempo em que se afirma que tudo é permitido, é preciso dizer com clareza que o sexo é uma dádiva preciosa de Deus. E com um presente de Deus não se brinca levianamente. Se esse dom não ficar sob a disciplina daquele que o deu, o sexo transforma-se em tirano. E, quem passa a viver sob sua tirania torna-se infeliz. Muitas vezes, ele paga seus erros com juros e correção monetária.

Relações sexuais entre parceiros não casados — e que nem pretendem permanecer fiéis — sempre são erradas e pecaminosas. São contrárias à vontade de Deus. Porque, sem amor duradouro e sem responsabilidade, uma pessoa usa a outra como objeto. Não é de admirar que tal abuso de um dom de Deus crie má consciência, medo, amargura e revolta, mesmo que, por algum tempo, isso se esconda sob uma máscara de aparente felicidade. Mas, felicidade sem fidelidade é coisa impossível.

A decisão de preservar-se requer fé e coragem

Jesus disse que quem quer segui-lo precisa optar pela *porta estreita* (Mateus 7.13). Isso também se evidencia nas amizades e no namoro. Entre muitos jovens com os quais você convive tornou-se "normal" amizade envolver sexo. Namoro até já implica em passar a morar junto.

E, quando alguém se nega a seguir nesse *caminho largo,* ele acaba isolado nas conversas de colegas na escola e no trabalho! Chega a ser menosprezado e até sofre *bullying*, por não se vangloriar de aventuras sexuais. Se admitir que irá preservar sua virgindade até o casamento, será objeto de chacota e deboches.

Mas esse é o preço a pagar de quem não se amolda *ao padrão deste mundo*, mas é transformado *pela renovação da sua mente*, para ser capaz de *experimentar e comprovar a boa, agradável e perfeita vontade de Deus* (Romanos 12.2). Seguir Jesus nessas situações pode ser doloroso, mas esse sofrimento momentâneo não se compara com a bênção que Deus concederá a quem o segue.

Por isso clame a Deus para sustentá-lo nessas provações. Ao conviver com amigos cristãos você experimentará que é fortalecida pela comunhão com eles. Testemunhe alegremente sua fé obediente a Jesus e ore pelas pessoas que debocham de você a fim de que também venham a experimentar o propósito de Deus na sua vida.

Martin Weingaertner

Isso não quer dizer que Deus não possa perdoar pecados sexuais. Deus quer e pode perdoá-los de fato. Ai de nós se ele não perdoasse! Confira os relatos em que Jesus os perdoa (Lucas 7; João 4 e 8)! É um pecado como os outros: roubar, mentir, odiar. Mas é pecado. O ser humano não é como um animal (e veja que até os animais têm sua ordem nessa área). Ele deve e pode controlar seus instintos e não deixar que seja controlado por eles.

É bom que hoje em dia a gente possa conversar sobre a sexualidade. Não é um assunto de que se deva ter vergonha. Talvez você tenha necessidade de falar sobre isso. Eu gostaria de encorajá-lo a uma conversa franca com uma pessoa cristã em quem você confia. Estas linhas não podem substituir essa conversa.

Deus nos criou macho e fêmea

O sexo não é uma escolha nossa, mas do nosso Criador. Cada uma das bilhões e bilhões de células do nosso corpo registram a definição do nosso sexo. Você aprendeu isto nas aulas de biologia: as células de pessoas do sexo masculino têm o cromossomo XY; as do feminino, XX. Este fato da biologia confirma o ensinamento bíblico (Gênesis 1 e 2) hoje combatido tão agressivamente pelas ideologias de gênero. Elas propagam aos quatro ventos que a sexualidade é uma escolha: cada pessoa teria o direito de definir seu gênero como bem entender. Os defensores desse pensamento têm nas suas mãos alto-falantes. Mesmo sendo minorias estão por toda parte, pois se infiltraram nos meios de comunicação (nas TVs, em filmes, jornais, nas mídias sociais, etc.), em órgãos governamentais, escolas e até ... em igrejas.

Assim, quem professa crer no testemunho bíblico do Criador, acaba marginalizado. Quando tenta expor sua convicção é isolado, se não ridicularizado. Até pode chegar a ser taxado de homofóbico. Nessa situação é preciso lembrar de duas coisas:

1. Nenhum discurso ou ideologia mudarão os fatos da realidade criada por Deus. Cada célula sua o confirma! O Senhor nos criou como macho e fêmea com um propósito maravilhoso. Jamais precisamos nos envergonhar dele. Esteja, pois, certo de que nunca precisará se arrepender por aceitar o plano de Deus para a sua vida e por permitir que ele o ensine a vivê-lo. Que o Senhor o fortaleça nesta convicção, encorajando-o a manifestá-la publicamente sem receio.
2. Mesmo considerando pecaminosas todas as práticas sexuais que estão fora desse bom propósito divino, nós não desprezamos as pessoas que vivem nelas! O amor perdoador de Deus também se volta a elas com a mesma misericórdia com a qual ele nos abraça. Por isso não as hostilizamos, mas testemunhamos a elas a graça de Deus e intercedemos por elas em oração.

Martin Weingaertner

Eu só gostaria que você soubesse distinguir conselhos sérios de conversa fiada. Gostaria também que soubesse que, mesmo depois de erros e falhas, é possível um novo começo. Que soubesse que Deus quer que você seja feliz — na vida terrena e por toda a eternidade. Não faz sentido roubar uma coisa que Deus quer dar de graça. E se ele dá, é mesmo para valer.

Você precisará de muito equilíbrio para enfrentar seu futuro. O amor por outra pessoa poderá ser para você uma fonte de felicidade, de coragem, de boas decisões. O abuso do dom divino da sexualidade poderá fazer de você uma pessoa derrotada. E isso você não quer ser, não é? E pode ter a certeza de que nem Deus o quer. Porque Deus ama você. Nunca se esqueça disso.

Exemplo de propaganda enganosa

Na época do carnaval li um folheto que recomendava proteger-se contra a AIDS e insistia o uso da camisinha. Afirmava: "Viver com um único parceiro sexual não é garantia contra a AIDS". Quem fez e distribuía o folheto por certo achou que se pode promover sexo seguro, depreciando a fidelidade. Não mencionava com palavra alguma os perigos da promiscuidade, que é a principal causa de contaminação por doenças sexualmente transmissíveis.

É verdade que a AIDS também é transmitida pelo compartilhamento de seringas entre drogaditos e, ainda que raramente, pela transfusão de sangue. Mas o principal meio de contaminação da AIDS, assim como de outras doenças, continua sendo a promiscuidade. E é dela que nos adverte o mandamento de Deus: "Não adulterarás".

Quem ignora o propósito do Criador com a dádiva da sexualidade não prejudica apenas a si e a outros emocionalmente. O desrespeito também o afetará fisicamente, comprometendo a sua saúde e a de outras pessoas. Por isso não se deixe enganar pelos que dão avisos tendenciosos e até falsos com a intenção de justificar sua própria conduta errada. Aprenda a usar o mandamento de Deus como gabarito para conferir o que é bom, verdadeiro e correto. O Senhor os deu a nós para proteger-nos do mal em todas as dimensões da vida!

Martin Weingaertner

5

Estudo e profissão

Para alguns jovens, a escolha da profissão não representa problema. O pai é agricultor, operário ou um profissional autônomo e o filho também o será. A mãe é professora, enfermeira ou médica e sua filha quer sê-lo. Mas ano após ano aumenta o número de pessoas jovens que se veem confrontadas com a pergunta realmente angustiante: Que serei no futuro? Hoje as opções são mais numerosas, sempre mais complexas e cada vez mais exigentes.

Muitas vezes, não é possível simplesmente seguir os passos do pai e da mãe. A mecanização transformou a realidade da agricultura. Das regiões com pequenas propriedades agrícolas, os jovens migraram para as cidades. Assim, a urbanização fez mais de 85% dos brasileiros viverem em cidades cada vez maiores. Então o problema começa. A vida da cidade é muito mais complicada do que a do campo. Há um vasto mercado de trabalho. Há a oferta e a procura e há desemprego. Há profissões antigas que estão desaparecendo (sapateiro, ferreiro, alfaiate, relojoeiro) e muitas novas surgindo, especialmente na tecnologia da informação. Muitas não oferecem chances de progredir. Ninguém quer permanecer por toda a vida em um emprego que o frustre e que é mal remunerado.

Não há dúvida: um balconista, um operário, uma diarista poderão sentir-se pessoas realizadas e trabalhar em um ambiente satisfatório. Ganharão pouco, mas poderá ser o bastante para manter a si e sua família. Mas muitos jovens sonham em exercer uma profissão técnica ou fazer faculdade, mas as dificuldades encarregaram-se de desfazer esses sonhos. Muitos precisam ajudar no sustento da família.

Um jovem fez o ensino fundamental, mas teve problemas em uma matéria. Por relaxamento deixou de fazer a recuperação. E ficou nisso. Começou a trabalhar em uma tecelagem. Fez horas extras e comprou uma moto em prestações. Chegou até a olhar com certo desprezo para seus colegas de sua idade que continuavam no colégio. Ele já não era menino de escola, como eles. Por que estudar? A gente vivia assim mesmo. Depois veio o casamento. A moto foi vendida pela metade do valor para comprar móveis. E, de repente, o trabalho na tecelagem não agradava mais. Começou a ficar aborrecido. Via seus colegas de escola em posições mais bem pagas e passou a viver amargurado por não ter aproveitado a oportunidade de estudar quando ainda era tempo.

Há uma lei universal, feita por Deus, que vale para todas as profissões: *No suor do seu rosto você comerá o seu pão* (Gênesis 3.19). A expectativa da nossa cultura de desfrutar logo de benefícios dificulta assumir um compromisso sério com uma profissão ou um trabalho regular. Mas o caminho do menor esforço não ajuda a progredir! É bom que você compreenda isso enquanto é jovem. Sem suor ninguém comerá seu pão em paz. Quem o tentar ficará com um gosto amargo na boca, mesmo se ganhasse na loteria.

Por isso é bom e importante que você saiba que estudar, fazer cursos e ler livros instrutivos requer esforço, o "suor do seu rosto". Esse esforço é a única maneira para você desenvolver os dons que Deus lhe deu. A preguiça induz-nos a enterrar nossos talentos e, depois, nos deixa de mãos e vida vazias.

É triste ver um jovem talentoso que não seguiu sua vocação por simples comodismo. Poderia ser um excelente profissional, mas acabou em um trabalho que não requer qualificação.

Mas há também o jovem que não tem talento para a engenharia, direito ou medicina, mas estuda pressionado por seus pais, que podem pagar as mensalidades da faculdade particular. Essa pessoa até chega a se formar, mas depois não exerce a profissão por vocação.

Você nota que aí há algo errado. É um mal de nossa sociedade não dar a cada jovem talentoso a mesma chance de estudar. Quem tem dinheiro leva vantagem. Mas essa vantagem pode ser compensada por determinação e perseverança. Graças a Deus as oportunidades de formação se multiplicaram nos últimos anos. A internet abriu inúmeras portas para a formação e aperfeiçoamento profissional. Há canais no Youtube praticamente para todos os ramos profissionais. As ofertas de cursos a distância possibilitam fazer faculdade a um custo acessível. Basta querer e dedicar-se com disciplina!

Julgo que, no planejamento de seu estudo e na escola de sua futura profissão, você deverá precaver-se de dois perigos. Um já mencionamos. É a preguiça. O outro perigo é a ambição, pois ela faz perder o senso de realidade. A ambição faz um sapo querer ser passarinho. Essa ambição não fará bem nem a você nem à sociedade em que vai viver.

Para encontrar o caminho que realmente lhe é apropriado, é preciso pensar antes de decidir. Você precisa abrir os olhos e observar. Observar a sociedade em que vive. Observe e converse com pessoas das mais diferentes profissões. Tente perceber do que nossa sociedade necessita.

Depois precisa avaliar seus próprios dons e talentos. E precisa conferir as duas coisas: o que é necessário e o que você é capaz de fazer. Então fale com Deus a respeito de seus planos. Não tente convencer Deus, mas permita que ele convença você. Muitas vezes, as coisas se esclarecem milagrosamente quando as expomos a Deus em oração. Às vezes o Senhor não responde imediatamente. Mas ele nunca deixa de responder. E, às vezes, Deus manda outras pessoas nos darem um recado. Podem ser os pais, professores, amigos, até pessoas estranhas. O que importa é que sua decisão seja tomada por você mesmo com seriedade e responsabilidade. Que não seja fruto de simples caprichos.

Uma coisa está certa: quando descobrimos o dom que Deus nos deu, é preciso desenvolvê-lo. Caso contrário, esse dom, mesmo que seja muito grande, vai sumindo e morre aos poucos. Por isso será preciso ficar firme na direção tomada. Talvez até tenha que convencer seu pai e sua mãe por seu caminho não ser aquele que ele e ela imaginaram.

Às vezes é doloroso para os pais verem o filho ou a filha contrariá-los na escolha da profissão. Mas se você tiver argumentos, planos concretos e se estiver disposto a lutar, terminarão compreendendo. Lembre-se de que a quantidade de dinheiro que se ganha em uma profissão não é o único critério a ser seguido, nem o principal. É muito mais importante que você se sinta no lugar certo. Fazer o que dá prazer é melhor do que viver com muito dinheiro, mas aborrecido com o trabalho e com a vida.

O reformador da Igreja Martinho Lutero disse, certa vez, que qualquer pessoa deve viver na certeza de que Deus quer realizar coisas importantes por meio dela. Isso vale também para você. Não entregue os pontos quando surgirem dificuldades. Vá lutando. A vida é uma oportunidade maravilhosa — e única. Não deixe passar o tempo à toa. Ele é precioso demais.

6

Seu corpo e sua saúde

Já houve tempos em que se pensava que o nosso corpo não importava. Só a alma tinha importância. O corpo era a prisão da alma, da qual ela se livrava na morte. Mas isso não é verdade. A Bíblia diz que nosso corpo foi criado por Deus e é destinado a ser um templo no qual ele quer morar (1 Coríntios 6.19). Por isso precisamos tratar nosso corpo não como uma coisa detestável, mas como um bem muito precioso.

No mundo em que vivemos, isso nem sempre é fácil. Nossa civilização é hostil ao corpo. Alimenta-o bem, mas o trata como passarinho engaiolado. Por exemplo: nosso corpo precisa de movimento, de esforço físico regular. Ele quer funcionar para ficar em forma. Mas talvez você more em um apartamento e passe todo o tempo livre diante do celular e do computador. Como é que vai treinar o pulmão, o coração e os músculos? Quem mora no centro de Porto Alegre, Curitiba ou São Paulo, por exemplo, não estará condenado a viver uma vida engaiolada mesmo?

Dizem que um canário vai se conformando com a gaiola. Mas o ser humano não é um passarinho. Você precisa e pode reagir contra um estilo de vida sedentário antinatural, que despreza as necessidades básicas de seu corpo. Deve praticar esporte, ir a uma academia ou fazer caminhadas, por exemplo. Mas não me refiro ao esporte de espectador, como o futebol, um tanto comercializado. Deve ser esporte ativo mesmo — do simples bate-bola ao futebol, vôlei, basquete, tênis, natação, corridas, salto, etc.

Quem não faz esforço físico no trabalho precisa de um tipo de esporte para ficar em forma. Uma corrida por dia, que chega a dobrar o número de batidas do coração por minuto, algumas voltas de bicicleta, meia hora de jardinagem ou, quando não houver outras possibilidades, quinze minutos de ginástica na própria casa podem acrescentar qualidade de vida e vários anos a mais de vida útil.

Mas você não precisa apenas de esporte. Também precisa de contato com a natureza. Precisa suar subindo uma montanha. Precisa correr em uma praia, nadar no mar ou em um rio. Precisa sentir aquela sensação inigualável de entrar com os pés descalços em um riacho de águas frias e cristalinas. Precisa ficar molhado até os ossos em um temporal. Precisa sentir frio e calor, cansaço e tremedeira nas pernas. Precisa sentir a dor de uma queda ou de um galho que lhe bate no ombro quando resvala na trilha da mata.

Sim, treinar o corpo em contato com a natureza é arriscado. Mas é uma fonte de prazer que nunca se esgota. O risco de deixar nosso corpo amolecer é muito mais grave. Ele não deixará de apresentar sua conta àqueles que o mimarem com excessivas guloseimas e refrigerantes. Além de gerar "aborrecimento", prejudica a saúde.

Tenho a certeza de que grande parte dos problemas de pessoas frustradas, revoltadas, deprimidas provém de seu modo de vida antinatural. Depois de passar o dia no colégio ou em um escritório, não promovemos nossa saúde se, à noite, ficamos horas diante da TV, do celular ou do computador. E passar o final de semana em uma danceteria enfumaçada, dormindo, passeando de carro ou de moto, não favorece o corpo. Não é de admirar que um dia ele vá protestar. E poderá ser um protesto doloroso.

Um sentimento de insatisfação, "chateação", pode tomar conta de você. A vida parece-lhe vazia. Você fica abatido, irritado, tem raiva de outras pessoas e de si mesmo. Talvez comece a dormir mal e a desleixar no colégio ou no trabalho. Desentende-se com os colegas. Talvez tudo isso seja um sinal de alerta de que seu corpo está protestando contra você: "Basta! Não me trate como seu inimigo. Eu levo a vida de um cachorro acorrentado".

Então não seria hora de mudar, de mudar com determinação? Verifique, em profundidade, o que está errado com você. Não só no seu ritmo de vida, mas também no seu modo de pensar. Procure por uma renovação interna, espiritual. Porque não é possível separar o corpo da alma. Talvez você se dê conta de que não está se alimentando de maneira saudável e bebendo refrigerantes ou até bebidas alcoólicas demais. Talvez não durma o suficiente, pois precisa reduzir drasticamente o tempo diante da telinha. Quem sabe precise trocar as companhias que atrapalham sua caminhada. Em resumo: organize o dia de tal forma que lhe sobre tempo para uma caminhada, para uma conversa séria com amigos, para uma experiência fora da rotina, para uma leitura que orienta e anima.

Mas não adiantará querer curar sintomas. A mudança deverá vir bem de dentro de você. Nossos olhos começam a brilhar e todo o corpo se anima somente quando nossa vida vai sendo orientada por um alvo, um sentido.

Seu corpo não deixará de agradecer quando você der uma dura nele. Reagirá revigorado à vida ociosa. Dê-lhe uma tarefa para valer.

Tenha a certeza de que ele vai cooperar, mesmo que sua constituição física não seja das melhores. O apóstolo Paulo tinha uma constituição física fraca. Leia o que ele escreve em 1 Coríntios 9.24-27! E veja o que esse homem fez para a cristandade. Mas ele tinha um alvo e sabia o que queria. Por isso lhe era possível disciplinar o corpo e vencer a moleza, que ele chama de "carne".

Não quero deixar de observar que crises como a descrita acima podem também ser sinais de doença, por exemplo, de depressão. Porém, vale para todos os casos que saúde, corpo e mente são preciosidades. E você é responsável por cuidar de si mesmo.

7

Cuidado, perigo!

Existem perigos que não podem nem devem ser evitados. O policial que enfrenta um assaltante de bancos; o bombeiro que entra em uma casa em chamas para salvar uma pessoa; a mãe que trata do filho com meningite — são pessoas que merecem nosso respeito.

Mas há perigos que o bom senso manda evitar. Quem pisa em uma cobra venenosa só para ver o que ela vai fazer não é corajoso. É tolo. Quem acelera um carro a 100 km/h em uma curva que só permite 60 não é valente. É irresponsável ou suicida.

Nas rodovias, avisos advertem: "Curva perigosa"; "Defeitos na pista"; "Acostamento em desnível". Quem avisa amigo é. Quem desrespeita avisos de amigo terá problemas. Faz sofrer a si mesmo e a outros.

Deus colocou seus avisos também no seu caminho: os Dez Mandamentos. Com eles o Senhor demarca os limites da vida em sua presença. Os conselhos e a orientação que pessoas que obedecem a Deus lhe dão podem ajudar a entender e aplicar a vontade de Deus na sua vida. As pessoas mais experientes na fé o fazem porque se sentem responsáveis por você. Repare também nas advertências destas páginas. Elas poderão ser muito importantes para você. Não que não haja outros avisos. Há muitos. Você irá descobri-los quando compreender que eles foram dados para proteger sua vida e a de outras pessoas.

Primeiro aviso: Cuidado com o veneno álcool!

Você sabia que, segundo dados da Organização Mundial da Saúde — OMS (2019), em nosso país há aproximadamente quatro milhões de alcoólatras com mais de 15 anos? A vida deles foi destruída pela cachaça, cerveja, pelo vinho ou uísque. Além disso, 18,8% da população brasileira, mais de 40 milhões de pessoas, bebem abusivamente. Também eles estão em perigo de se tornarem alcoólatras.

O álcool ataca o sistema nervoso, torna a cabeça confusa, destrói o fígado, gera câncer em órgãos do aparelho digestivo e pode matar uma pessoa uns bons vinte anos antes do fim natural de vida dela.

Procure se lembrar de algumas pessoas alcoólatras que você já viu ou conhece. Algumas já estão com o rosto inchado, com as mãos trêmulas, com a mente confusa. Estão condenadas a morrer em poucos anos. E pense nos familiares dessas pessoas, nos seus cônjuges maltratados e abandonados. Quantos filhos têm vergonha do seu pai ou da sua mãe, que já não são capazes de cumprir seus deveres para com a família. Atente para o rastro de caos que deixam atrás de si!

Já imaginou a possibilidade horrível de você tornar-se uma pessoa assim? De você, um dia, ser visto por seus filhos a cambalear pela rua, bêbado, doente, incapaz de voltar a uma vida responsável? Isso nos dá calafrios, não é?

E não pense que essas coisas não poderiam acontecer com você. O perigo maior do álcool é que ele vicia, especialmente na adolescência. Apenas "beber socialmente" pequenas quantidades não impedirá que, de repente, você passe da medida e não consiga mais voltar atrás. Então estará viciado. Estará acorrentado à droga. Não conseguirá mais viver sem álcool. A vontade de resistir a ele ficará cada vez mais fraca. Você não fará mais o que quer, pois a bebida é que mandará em você.

Normalmente só por meio de um tratamento longo, apoiado por pessoas amigas, que procuram fortalecer a vontade enfraquecida da pessoa viciada, essa enfermidade poderá ser vencida. Mas o perigo da recaída permanecerá para o resto da vida. Principalmente se falsas amizades não deixarem a pessoa alcoólatra passar pelo bar sem que experimente ao menos um gole de bebida. Mas depois esses "amigos" a deixam na sarjeta. Realmente essa fraternidade o diabo inventou.

A Bíblia não proíbe a bebida alcoólica, mas previne contra o seu abuso. No tempo de Jesus não existiam bebidas destiladas, como a cachaça, apenas o vinho, cujo teor de álcool é bem inferior. Bebido em quantidades módicas, o vinho pode até ser remédio (veja 1 Timóteo 5.23). A pessoa cristã tem grande liberdade em questões de comida e bebida. Tudo o que não prejudica seu próximo e a sua própria saúde física ou mental lhe é permitido.

Mas esse é o limite, pois nosso corpo e nossa mente são dádivas de Deus, que não temos o direito de estragar. Lembre-se de tudo o que acabamos de dizer sobre nosso corpo. Assim, se você não quiser desistir totalmente de bebidas alcoólicas, evite as destiladas. Estabeleça uma quantidade máxima que não confunda sua cabeça e proponha-se a não ultrapassá-la "nunca". Esse "nunca" é importante. Ou o "nunca mais". O álcool não é apenas uma curva perigosa. Pode vir a ser a curva da morte.

Segundo aviso: Cuidado com o veneno nicotina!

Nicotina é o principal veneno contido nos cigarros. É um veneno violento — mais do que o álcool quando se acha em estado puro. Para quem não estiver acostumado a fumar, um charuto bastaria para deixá-lo intoxicado, envenenado, a vomitar e a suar frio, com tonturas e mal-estar. A nicotina é especialmente nociva para a pessoa jovem. As restrições ao tabagismo (proibição de fumar em ambientes fechados e da propaganda) surtiram algum efeito nos últimos anos. Hoje homens tendem a fumar menos, mas observa-se um aumento de mulheres fumantes.

É verdade que o corpo humano pode se acostumar aos poucos a essa droga. Deus nos deu um organismo valente. Ele consegue realizar a proeza de digerir um maço de cigarros por dia — por anos a fio. Mas a medicina provou que até para o fumante passivo — quem vive ou trabalha em um ambiente no qual outros fumam — pode ser fatal. Mesmo dez cigarros por dia abreviam a vida de uma pessoa em vários anos. Já ficou comprovado que o abuso do cigarro mata mais ou menos o dobro de pessoas do que os acidentes de trânsito. Não mata a pessoa viciada de uma vez, é claro. A pessoa que fuma poderá morrer de leucemia e de muitos outros tipos de cânceres (bexiga, pâncreas, fígado, laringe, pulmão etc.)[1]. O fumo produz e agrava a gastrite, bronquite e principalmente doenças cardíacas — doenças que matam aos poucos.

Talvez você fique admirado que se fale do cigarro ao mesmo nível do álcool. Sei que isso parece ser exagerado. Mas pode ter certeza de que há razões científicas para o que estou dizendo. Já

1 Veja a lista completa no site do Instituto Nacional do Câncer: Disponível em https://cutt.ly/FrBClyiy (acesso em 21/09/2025).

vi fumantes morrerem de câncer de pulmão. Estatísticas médicas sérias me alarmaram. Preciso passar adiante minha preocupação.

Devo confessar aqui que também fumei por algum tempo quando jovem. Mas, certo dia, aos vinte anos, notei que o cigarro ia se tornando um vício. Vi que as pontas dos meus dedos estavam ficando amareladas, cheirando a tabaco. Então joguei o maço iniciado no fogo. E, assim, a fumaça desses meus cigarros saiu pela chaminé de um fogão. Tenho certeza de que lá não causou problemas — como teria causado nos meus brônquios. Porque a chaminé foi feita para a fumaça, nossos brônquios não.

Como deixar de fumar quando a gente nota que já está viciado? Quando nossas mãos trêmulas se estendem ao cigarro com frequência cada vez maior? Quando ficamos como bebê que não pode viver sem chupeta?

Um conhecido meu, já viciado no cigarro desde os 15 anos de idade, quis convencer-me de que se pode deixar o vício aos poucos. Propunha-se a cortar o consumo de um cigarro por semana. Eu lhe respondi que seu método era tão bom como cortar o rabo de um cachorro aos poucos — a cada semana um toquinho. Será que assim o cachorro iria sofrer menos? Lembro-me de que o rapaz ficou um tanto encabulado.

É evidente que o melhor método para deixar qualquer vício é acabar com ele de vez. Mas a luta para deixar o cigarro é árdua. Um alcoólatra recuperado consegue evitar a bebida, mas ao sentir o cheiro de um cigarro aceso a memória do ex-fumante voltará a despertar nele o desejo de fumar, mesmo anos depois de ter vencido o vício.

A pessoa foi feita para ser livre. Ela precisa pensar e usar a cabeça quando nota que vai sendo envolvida por qualquer coisa que vicia.

O que dissemos da bebida alcoólica e do cigarro vale em escala muito maior para as drogas "ilegais". É possível que, no ambiente em que você vive, não se consuma maconha e menos ainda outras drogas mais perigosas como a cocaína, o crack, ecstasy, etc. Mas se for o caso, reaja! Tome posição! Revele o seu vício à sua família e peça ajuda. Não seja uma pessoa fraca ou covarde! Porque consumir droga é fraqueza. É uma tentativa de fugir da realidade, de uma situação difícil. A pessoa procura consolar a si mesma dos seus conflitos, refugiando-se em um mundo de sonhos e ilusões. Quem segue por esse rumo apenas aumenta seus problemas em vez de resolvê-los.

Legalização das drogas

As investidas de pessoas e grupos interessados em legalizar as drogas ilícitas são sempre mais frequentes. A imprensa lhes dá ampla cobertura. Mas não se deixe enganar, por exemplo, pelos discursos de que a maconha é inofensiva. Quem lhes dá crédito entra em uma armadilha da qual dificilmente sairá. A drogadição é impiedosa. Primeiro ela seduz a experimentar, depois obriga o dependente a tomar doses mais frequentes e maiores. Por fim, passa a exigir drogas sempre mais fortes e, para consegui-las acaba no mundo do crime para sustentar seu vício.

Ouça relatos de quem passou por esse lamaçal ou de quem tem um familiar atolado nele! São histórias de grande sofrimento. Por isso, recuse-se com firmeza a experimentar qualquer droga. E tenha cautela com as pessoas que as oferecem a você.

Martin Weingaertner

Basta lembrar que há tantas coisas maravilhosas neste mundo de Deus! Haverá mesmo razão para corrermos atrás de qualquer erva maldita? Julgo que não. É só pegar o gosto pelas coisas boas.

É claro que uma pessoa pode se tornar viciada também em chocolate, balas, café, chá ou refrigerante. Pode viciar-se em qualquer coisa da qual abusa em vez de usá-la. O correto é usar todas as coisas sem deixar dominar-se por elas. Quem abusa delas, o faz porque precisa "consolar-se", seja com guloseimas, seja com drogas. Mas lembre-se de que, seja qual for o tipo de dependência, nós podemos e devemos pedir a Deus que nos ajude a vencer nossa fraqueza. E Deus pode e quer ajudar. Você pode ter certeza disso. Por isso Deus o cerca por uma família que o ama e intercede por você. Se for preciso, ela pode encaminhar para ajuda especializada.

Há ainda outros sinais de perigo?

Será necessário que você os identifique. A desonestidade, o egoísmo nas relações com outras pessoas, a mentira e muitas coisas mais. Viva de olhos abertos! Penso que seu caminho está suficientemente sinalizado. Saiba descobrir você mesmo os sinais que Deus coloca no seu caminho.

8

Vida social — tempo livre

Quando falamos sobre a amizade, já deixamos claro que não faz bem isolar-se das pessoas, nem para o jovem, nem para o adulto. Somos "seres sociais", que só encontram seu lugar quando se relacionam com seus semelhantes.

Não que não se possa ficar sozinho. Podemos e devemos fazê-lo, às vezes, para nos voltarmos a nós mesmos e para falarmos com Deus. Mas colegas e amigos devem sentir nossa falta quando não aparecermos no colégio, no grupo de jovens ou no trabalho. E nós mesmos também devemos sentir a falta dos outros quando somos obrigados a ficar sozinhos por mais tempo — em um leito de hospital, por exemplo.

Com quantas pessoas você mantém relacionamentos, cultiva amizade e troca ideias? Com três, dez, vinte? Não há regra nem lei que prescreva um número de pessoas com as quais deva manter contato mais intenso. Mas não convém contentar-se com duas ou três. Também não convém relacionar-se só com pessoas da mesma idade. Um grupo de crianças, por exemplo, pode ser uma companhia maravilhosa para jovens. Lembro-me de jovens que se engajaram no culto infantil de sua comunidade. Cada domingo eles retornam animados e felizes daquela hora passada com as crianças. Voltam com os olhos radiantes. Outros cantam no grupo de canto da igreja, junto com pessoas mais velhas. Eles se sentem bem. Descobriram que estão em um lugar certo para eles.

O conflito entre as gerações não é obrigatório, nem automático. É, antes, uma coisa de lobos e outros animais selvagens, nos quais as diferentes gerações combatem-se a dentadas e chifradas. Nós somos seres humanos, que têm a capacidade de conversar, compreender e amar quem é diferente de nós.

Justamente por isso não convém só procurar a companhia daqueles que têm a mesma "posição social": rico com rico, estudante com estudante, mocinho elegante com mocinha vestida na última moda. Conheci uma moça de "boa família" que deixou de frequentar o grupo de jovens da igreja porque nele participavam empregadas domésticas. Veja quanto orgulho estúpido! Como se uma empregada não tivesse o mesmo valor, os mesmos problemas de vida que uma moça da "alta sociedade". Os preconceitos são sempre estúpidos, e mais cedo ou mais tarde a gente paga por cultivá-los.

Veja: esta é uma das coisas boas das comunidades e dos grupos de jovens cristãos. Nos seus cultos, nas suas reuniões de estudo bíblico e nas celebrações da Santa Ceia, não se faz diferença entre as pessoas, porque Deus não faz acepção entre seus filhos e suas filhas (Tiago 2.1). A comunidade cristã é um ambiente que torna possível o rico sentar-se ao lado do pobre, o branco ao lado do negro, sem que qualquer um dos dois se sinta superior ou inferior ao outro. A igreja é um lugar onde podemos participar dos problemas de alguém de outra "classe", e que nos faz entender que todas as barreiras sociais são discriminatórias e pecaminosas.

Essa característica das comunidades de Jesus Cristo é importante para toda a sociedade. Também para o ambiente político em que vivemos. As pessoas cristãs devem ser um espinho na carne de todas aquelas pessoas que, com orgulho estúpido, desprezam seus semelhantes mais pobres e mais fracos. Somente no discipulado comunitário nós obtemos as medidas para avaliar qualquer relação com outras pessoas, qualquer tipo de convívio social.

Confira se seus relacionamentos suportam a aplicação desse padrão. Quando você se reúne com outras pessoas jovens em seu tempo livre, você se sente bem, como igual entre iguais, aceito pelos outros? E você consegue aceitar e gostar realmente de seus companheiros? Ou está travando uma luta por poder? Há intrigas mais ou menos secretas, desprezo ao mais fraco? Os papos são honestos e sérios? Ou eles serão apenas conversas "fiadas", superficiais e negativas? Você pretende melhorar as coisas, mesmo que esteja só nesse propósito ou a turma não quer nada com nada?

Os encontros que frequenta acontecem em um ambiente amigável, de alegria autêntica, ou no ar viciado em que bebidas e drogas predominam? Você volta de uma festa contente, aliviado, ou volta abatido e frustrado? No dia seguinte, você está mais animado ou com ressaca?

O jogo de futebol a que assistiu deixou você alegre e sereno ou deprimido, com raiva por seu time ter jogado mal? As redes sociais, os vídeos e seriados tornaram-se para você um substitutivo da companhia de outras pessoas? Você não faria bem em limitar o tempo na internet para ter tempo para conversar com alguém cara a cara?

Tome cuidado! A internet pode enriquecer nossa vida. Pode instruir e distrair. Mas ela jamais substitui a boa companhia, a amizade, o diálogo nem a ação.

Julgue você mesmo. Não estou querendo lhe proibir nada! Nem pretendo tirar de você nada que realmente contribua para seu bem-estar e para sua felicidade. Você é jovem e precisa de alegria.

Precisa de convívio descontraído com pessoas de carne e osso, precisa gastar aquela energia que você sente estar sobrando.

Mas eu não gostaria que o enganassem na busca de felicidade, iludindo-o apenas com distrações. Que na procura de frutas doces existentes nos seus sonhos, acabasse na companhia de porcos e só encontrasse os frutos que eles comem (leia Lucas 15.16). Você é precioso demais para esse tipo de vida.

Então — se você reconhece isso —, sentirá a necessidade de procurar um convívio saudável para nele dar sua contribuição positiva para todos vivenciarem comunhão. Você vai ficar admirado ao descobrir que há pessoas que sentem o mesmo desconforto e se acham marginalizadas porque não seguem a maioria. Elas desejam um convívio mais autêntico e procuram um sentido, um alvo, uma tarefa.

Se você concordar com essa observação e sentir que ela é válida para você, então leia com muita atenção as próximas páginas. Elas podem ser decisivas para seu futuro.

9

Passando a viver com o Evangelho

Você certamente notou que tudo o que dissemos até aqui só faz sentido para uma pessoa que crê em Jesus e quer viver em obediência a Deus. Para quem não crê, nada disso faz sentido. Nem a sua própria vida, nem a dos outros.

Veja: não podemos explicar as cores do arco-íris a uma pessoa cega ou a quem não quer abrir seus olhos. Para ela compreender, é preciso que aconteça um verdadeiro milagre.

Você pergunta com muita razão: Como é que eu posso chegar a pensar desse modo, como posso ter certeza? Como é que Jesus Cristo deixa de ser um ideal vago e se torna real para mim?

Você recebeu impulsos em sua família, na escola dominical e no ensino confirmatório. Foi confirmado, mas ficou nisso. Talvez ainda fosse muito jovem para compreender o que é fé. Mas, agora já não é mais criança. As dúvidas e os questionamentos aumentaram. Sente que precisa de alguém que ajude a encontrar a certeza. Que ao menos lhe explique como chegar a ter fé clara e certa.

Pois eu vou tentar. Vou arriscar, porque o começo já foi feito por Deus. Você bem sabe. No princípio deste livro, já tratamos do assunto.

Inicialmente sou obrigado a dizer que ninguém é capaz de crer por esforço próprio. Lutero, que teve experiência no assunto, explica a terceira parte do Credo Apostólico assim: "Creio que por minha própria razão ou força não posso crer em Jesus Cristo, meu Senhor, nem vir a ele". Essa afirmação é chocante, mas é verdade. Por mim mesmo eu não posso crer. Eu nasci surdo e cego para Deus. Mas é aí que começa a acontecer o milagre, pois Lutero continua: "O Espírito Santo chamou-me pelo evangelho". Ele me chamou muito cedo — bem antes de eu poder compreender.

Houve um dia em minha vida em que notei pela primeira vez que Deus realmente estava falando comigo. Ouvi o chamado claro de Deus. Foi durante a mensagem de um pregador. Notei que era uma oportunidade que talvez nunca mais voltasse. Deixei de voltar as costas a Deus. Voltei a face para ele. Disse-lhe tudo. Confessei-lhe minha culpa, minhas dúvidas, minha vida errada. Contei-lhe tudo mesmo. E ele me respondeu. Não foi por uma aparição sobrenatural. Não ouvi qualquer voz celestial, nem cheguei a ter visões. Notei simplesmente que Deus tinha me encontrado. Ele me encontrou e me aceitou assim como eu era.

Então ficou claro para mim que deveria seguir Jesus. Minha vida sem Jesus seria vazia. Então deixei Deus tomar conta da minha vida. Não deve ter sido fácil para ele, pois meu coração continuou sendo capaz de todos os truques e manhas para esquivar-se dele. Mas Deus demonstrou seu poder em minha vida. E hoje tenho a certeza de que ele continuará vitorioso em mim.

Mais ou menos isso aconteceu com todos os discípulos de Jesus. Aconteceu com Lutero e com todos os cristãos que já viveram. O modo como eles encontraram Deus — ou como o Senhor os encontrou — não foi igual na vida de todos. Alguns talvez nem se lembrem mais do dia em que seus olhos foram abertos para o

Evangelho. Eles sempre viveram com a Palavra de Deus. Assim a fé lhes veio aos poucos, como um vento suave e manso. A porta abriu-se como por si mesma.

Para outras pessoas, o Evangelho veio como uma tempestade. Elas até trancaram a porta, negando-se a abri-la. Mas a tempestade escancarou a porta e fez aquela reviravolta na vida delas, como aconteceu com Saulo (Atos 9.1). Sua vida foi mudada de um dia para o outro. Essas pessoas marcaram em seu calendário o dia em que entregaram sua vida a Deus. Nunca mais se esqueceriam do momento em que Deus mudou a direção de seu caminho. Foi como um oficial ordenar a um soldado: "Meia-volta, volver!", e elas deram meia-volta.

Não sei de que modo Deus agiu — ou vai agir — em sua vida. Ele não produz pessoas cristãs em série, uma igual à outra. Deus acompanha cada um de nós individualmente. Trabalha em nós como o artista em uma escultura inédita.

Mas uma coisa é igual na experiência de todas as pessoas cristãs: Deus as chama por meio de sua boa notícia, o Evangelho. A boa notícia é o próprio Jesus Cristo e o que ele fez por você: ele morreu por seus pecados e ressuscitou para ser o Senhor de sua vida. O milagre da mudança de uma vida acontece pela Palavra de Deus. Pela Palavra que encontramos na Bíblia. Palavra que é anunciada dentro e fora das igrejas. E é essa Palavra que nos interpela e pede por nossa resposta. Também para você Deus não tem outra receita.

Como poderia o autor de um livro meter-se entre Deus e você? Ele não pode e não deve. Mas pode lhe dar o recado. E pode ter o desejo sincero de que o milagre aconteça na sua vida. Talvez já tenha acontecido. Naquele momento do ensino confirmatório em que passaram a história do filho pródigo. Ou naquele dia em que você passou por uma angústia e Deus atendeu suas orações. Pode ter sido no dia de sua confirmação.

Mas também é possível que sua confirmação não tenha significado nada para você e que você ainda viva com incertezas e dúvidas angustiantes. É possível que ainda viva no escuro da descrença — apesar de batizado, ensinado e confirmado. Isso é bem possível.

Como pastor que já confirmou muitas centenas de jovens, até posso dizer que esse parece ser o caso mais comum. E isso, às vezes, me faz perder o sono à noite. Se fosse diferente, muitos jovens não estariam evitando o convívio com sua comunidade depois da confirmação.

Fica aqui uma palavra de alerta. Se esse for seu caso, você está avisado. Avisado e convidado a reconhecer sua verdadeira situação perante Deus. Tenha coragem de falar com ele, pois lhe digo que Deus está à sua espera. Talvez suas dificuldades em relação à fé se enquadrem na palavra que Jesus diz em João 7.17: *Se alguém quiser fazer a vontade de Deus, conhecerá a respeito da doutrina, se ela é de Deus ou se eu falo por mim mesmo.* Pois Deus dá fé somente na medida em que alguém está disposto a fazer a vontade dele. E é na obediência a Deus que a fé se comprova. Mesmo com uma fé fraca, tente obedecer. Verá sua fé crescer.

10

Participando na vida da comunidade cristã

Se você chegou a crer, sua fé não será uma coisa só do coração. Você vai crer também com as mãos e com os pés, inclusive com sua carteira e tudo que tiver. Quanto mais clareza tiver da fé, tanto mais você sentirá um impulso irresistível de se ligar a outras pessoas cristãs, de conviver em uma comunidade de Jesus Cristo de forma ativa e consciente.

A primeira coisa a fazer é descobrir a comunidade de Jesus. Às vezes, não é fácil. Pois, muitas vezes, a comunidade está adormecida. Colocou sua lâmpada debaixo de uma caixa. Não se vê a luz dela; quem sabe, a luz dela até já esteja apagada. Mas você precisa tentar. Recebeu o Evangelho no âmbito de sua comunidade, não é? Agora precisa lutar para que outros possam ter a mesma experiência. Será preciso dar uma mão para remover a caixa, para que a sua lâmpada possa voltar a luzir e atrair outras pessoas.

Então você vai descobrir duas coisas boas. A primeira: que a sua luz ainda está brilhando. Cristo ainda está presente. A segunda: você vai perceber que já está envolvido com o Evangelho. Antes que se dê conta, já estará com as mãos na massa. Naquela massa em que Deus pôs o fermento (releia a parábola de Mateus 13.31-35).

Agora, não pense que eu vou lhe dar instruções para tentar regulamentar sua vida de pessoa cristã. Eu só posso descrever o que experimentei e o que observei e ainda estou observando em pessoas que vivem com Cristo. Com essas pessoas acontecem certas coisas básicas que são mais ou menos iguais em todas. Vou tentar enumerá-las.

1. Elas não se contentam em ouvir as mensagens bíblicas nos cultos. Elas próprias começam a **estudar sua Bíblia**. Não leem por curiosidade ou por obrigação, mas por sentirem uma necessidade de crescer na Palavra de Deus. São como pessoas que estiveram gravemente doentes e que agora voltam a sentir fome. Elas não se esquecem de comer, porque a fome clama por alimento. Leia a Bíblia e livros que respiram o espírito do Evangelho, porque eles refletem sua própria vida como em um espelho. Você se sentirá impelido a falar com Deus sobre tudo o que vai enxergando. E não vai ser pouco. Não vai faltar assunto para falar com ele sobre problemas de hoje dos quais se lembra ao ler as linhas da Bíblia.
2. Assim, as pessoas que leem as Escrituras Sagradas passam a ter uma **vida de oração**. Não oram só na hora do aperto. Diariamente terão seu tempo de oração e de meditação. E não é um tempo desconectado, que não tem nada a ver com o resto do dia. A oração permeia tudo o que fazem e pensam, inclusive a conversa com os amigos, as horas passadas no colégio ou no trabalho, pois Deus sempre está presente, a seu lado. Não como juiz de quem tem medo, mas como Pai que ama. Podem falar com ele a qualquer instante sobre qualquer assunto. Assim, a vida inteira torna-se uma oração vivida.

Não me compreenda mal. A pessoa cristã não vive no mundo da lua. Ela come, bebe, fala, ri, estuda, trabalha ou faz negócios. Vive com ambos os pés colocados firmemente no chão da realidade. Mas, ao mesmo tempo, tem uma ligação constante com seu Senhor. Vive na certeza de que ele é também o Senhor do mundo em que vivemos. E isso torna seu coração confiante, alegre, e seus passos, firmes.

3. Poucas são as pessoas que chegaram a crer por simples leituras — por uma leitura casual da Bíblia, por exemplo. Quase sempre Deus usa uma pessoa para lhe dar o **recado decisivo**. Pode ser o testemunho de uma pessoa cristã que, com seu conselho ou seu exemplo, nos dá o impulso que nos leva à decisão de seguir Cristo. Pode ser por meio de uma prédica ou a mensagem de uma evangelização que parece falar diretamente conosco.

   Assim, uma pessoa cristã precisa juntar-se a outras pessoas cristãs desde o começo porque precisa delas. Deus quer usá-las para dar mais recados a ela e, com o tempo, também a pessoa cristã mais jovem terá recados para as mais velhas.

   Assim, as pessoas cristãs conscientes frequentam os cultos com regularidade. Não se sentem mais estranhas na mesa do Senhor, pois se tornaram irmãos e irmãs de Jesus Cristo. Falarão sobre o culto, mencionando pontos que não entenderam ou dos quais discordam. As igrejas precisam de membros que participem ativamente nos cultos; que não querem ser meras ovelhas passivas, mas colaborarão, inclusive no campo espiritual. Também quem pastoreia uma igreja precisa de irmãos e irmãs que sirvam a seu lado, que tenham opinião própria. Que até saibam criticá-los, se for preciso. **Leitura bíblica, oração, testemunho**... tudo isso a pessoa cristã ativa fará. No culto e fora do culto.

Mas os cultos públicos, que infelizmente se tornaram bastante formais (quem teria a coragem de interromper uma pregação com uma pergunta?), não bastam para alimentar a vida espiritual das pessoas cristãs. Todas elas necessitam de um **pequeno grupo** que se reúne para orar e estudar a Bíblia em conjunto, para cantar hinos de fé e de esperança e compartilhar sobre tudo o que surge no seu dia a dia.

Dentro da grande "lavoura" de uma igreja, as pessoas cristãs precisam de seu "canteiro" para poder crescer e não ser dominadas pelas ervas daninhas.

Se ainda não existir um canteiro assim em uma comunidade, ele precisa ser criado. Podem ser dois ou três que se reúnem por iniciativa própria. Pode ser um grupo de jovens ou de discipulado. Um grupo em que o Evangelho não aparece só no nome, mas no qual ele é o assunto principal. Muitos pastores e um sem-número de nossas pessoas leigas ativas provêm de tais grupos. É uma prova de que Deus está abençoando esse trabalho.

O canteiro também poderá ter outra forma. Poderá ser um grupo de estudo bíblico, no qual se reúnem pessoas de todas as idades. Não é necessário que o pastor dirija esse grupo. Será bom que participe uma vez ou outra. Poderá ser o consultor chamado quando uma mensagem bíblica é difícil de ser entendida. Mas cada pessoa cristã adulta e amadurecida deverá ser capaz de dirigir tal grupo de estudo e oração.

Em nossa igreja há grupos de estudo bíblico. Há grupos de mulheres e de homens. Os nomes e métodos usados são secundários. O que importa é que haja reuniões regulares de oração, de estudo da Bíblia e de debate.

É óbvio que não estudamos a Bíblia como um livro antigo. Às vezes, o grupo parte de uma passagem bíblica e, de repente, vê-se envolvido com um problema bem atual. Às vezes, parte de problemas atuais e pessoais e chega a um trecho da Bíblia que trata exatamente do assunto abordado. A Bíblia é um livro vivo, pois nela fala o Senhor vivo — o Cristo que vive e que nos dá vida. Se um grupo assim crescer e se multiplicar algum dia ou se dele saírem pessoas capazes de dirigir outros grupos, louvado seja Deus! Casas não vão faltar para os novos grupos, pois, afinal de contas, todos têm um teto onde se abrigar. Uma tal penetração do Evangelho nos lares poderá renovar e fortalecer toda a comunidade. Não é isso que está nos faltando?

4. A pessoa cristã praticante não faz apenas o que lhe mandam fazer. Ela age por si. É verdade que em boca fechada não entra mosca. Mas a pessoa cristã enfrenta o risco de abrir a boca assim mesmo. Ela tem assunto. Por isso fala quando é preciso falar. Falará pouco, mas falará na hora certa. Não para destratar os outros. Mas para **dar testemunho** daquele que ela chegou a conhecer. Anuncia Cristo, adverte, chama a atenção e convida. A pessoa cristã ousa testemunhar, pois não quer ser um cão mudo que come, mas não quer latir (Isaías 56.10).
5. Mas a pessoa cristã praticante não "pratica" sua fé somente por meio da palavra. Ela se dispõe a assumir tarefas espirituais e materiais concretas. Por exemplo, visitará doentes e pessoas com problemas. Andará de olhos atentos pela vizinhança e por sua cidade para descobrir

onde tanto ela quanto a sua comunidade como um todo poderão ajudar.

A pessoa cristã percebe os dons que Deus lhe deu e se engajará em qualquer serviço já existente ou criará um que seja necessário. Há muitas opções dentro e fora da igreja. Na comunidade, pode engajar-se no louvor dos cultos; liderar grupos de estudo, de ação social ou de visitas. Pode se dispor a participar do presbitério, a manter o site e as redes sociais da igreja, a distribuir folhetos, etc. Mas também fora dos muros das igrejas há oportunidades de prestar serviço voluntário em escolas, hospitais e lares de pessoas idosas.

Em todo lugar pode anunciar Cristo, advertir, chamar a atenção e convidar. No seguimento a Jesus não falta serviço, mas faltam trabalhadores. Veja o que Jesus disse sobre o assunto: *A seara é grande, mas os trabalhadores são poucos. Por isso, peçam ao Senhor da seara que mande trabalhadores para a sua seara* (Mateus 9.37-38). E eu lhe digo que Jesus quer que você seja um deles.

11

Fui confirmado. E agora?

No início deste livro, fizemos esta pergunta. Você está compreendendo melhor esse "agora"?

Tudo o que acabamos de dizer já estava contido no seu batismo, em seu ensino confirmatório e sua confirmação. Estava contido como o gérmen está em uma semente. O que este livro pretendia mostrar-lhe é que a semente que Deus plantou precisa crescer e dar fruto.

Assim, o meu desejo é que a semente do divino semeador venha a crescer em você. Que o grão não venha a morrer na terra. Que não seja roubado pelos passarinhos nem venha a secar ao sol. O semeador ficaria triste. E você também. O Evangelho de Jesus é boa nova — é mensagem de alegria. Você precisa desse Evangelho para viver de verdade.

Algumas histórias a gente lê...
outras a gente escolhe viver.
ESCREVA A SUA!
Vem junto com o Movimento Encontrão.
movimento encontrão
@movimentoencontrao
O ME caminha com jovens que querem viver a fé na prática, por meio de programa de mentoria jovem e experiências de intercâmbio transcultural, que transformam histórias.
soma+
Caminhada dura 3 anos — tempo de crescer em serviço, vida de oração e serviço, recebendo cuidado e vivendo o amor na prática. É a fé saindo do discurso e se tornando estilo de vida.
PROGRAMA connect
E para quem sonha ir além, oferecemos um intercâmbio de 10 meses na Noruega, unindo culturas, missão e aprendizado em um ambiente que respira mentoria e prática.
www.me.org.br